CÓMO
EJERCITAR
LA MENTE

Por Graciela Fox

Graciela Fox
Como ejercitar la mente. - 1a ed.
Buenos Aires : Dos Tintas, 2009.

1. Superación Personal. I. Título
CDD 158.1

La información contenida en esta obra está destinada a completar y no
a reemplazar el tratamiento médico. Ante cualquier problema de salud
(físico o psíquico), o antes de cambiar la alimentación, la medicación o
la rutina de ejercicios, se debe consultar al doctor de confianza.

ÍNDICE

INTRODUCCIÓN

El principal actor en el funcionamiento de nuestra mente y nuestra memoria es el cerebro. Técnicamente podemos definir el cerebro humano con los siguientes conceptos:

El cerebro es la parte del sistema nervioso central de los vertebrados que está dentro del cráneo. En el humano tiene un peso aproximado de entre 1,3 y 1,6 kg, y es una masa de tejido gris rosáceo. Se encuentra ubicado en la cabeza, protegido por el cráneo y en estrecha relación con los órganos de los sentidos: la vista, el olfato, la audición, el equilibrio y el gusto.

Las unidades que le dan vida al cerebro son las neuronas, que se comunican entre sí mediante fibras llamadas axones que realizan procesos llamados sinopsis, que emiten señales a las diferentes partes del cerebro o del cuerpo donde hay células receptoras.

En el cerebro se procesa información de los sentidos y se coordinan los movimientos corporales, entre muchas otras funciones como regular algunos fluidos o la temperatura corporal. El cerebro es responsable de la cognición, las emociones, la memoria y el aprendizaje.

En la actualidad se conocen muchas cosas del cerebro que hasta no hace muchos años el hombre desconocía. Hoy sabemos que las áreas del cerebro pueden interactuar entre ellas, que si una zona es dañada otra puede adaptarse para realizar la función que le correspondía a la anterior. Y los estudios continúan. Existen algunas corrientes psicológicas que sostienen que la investigación cerebral va demasiado lejos al ubicar cada emoción humana en un sector del cerebro. Pero más allá de las posibles advertencias contra las exageraciones, es indudable que cada vez se sabe más sobre el cerebro humano, y esto tiene una gran importancia.

Son tales los avances en el estudio cerebral, que usando la resonancia magnética funcional (FMRI, según sus siglas en inglés), una nueva técnica de imágenes capaz de medir el flujo sanguíneo, los científicos pueden establecer si la persona está creando una imagen mental de un rostro o de un lugar. En diferentes experimentos, pueden eliminar un gen de un ratón y hacerlo incapaz de aprender, o mejorar su aprendizaje insertando más copias de ese mismo gen.

Uno de los problemas es que todavía no sabemos cómo el cerebro representa el contenido de nuestros pensamientos y emociones. Sí sabemos dónde tienen lugar predominantemente algunas de esas emociones, o las imágenes visuales, o las palabras que pronunciamos, pero "dónde" y "cómo" son cuestiones muy distintas. No sabemos cómo el cerebro mantiene las conexiones lógicas entre las ideas que le permiten distinguir entre la imagen de una persona guiñando un ojo para ajustarse una lente de contacto y otra que lo hace hacer una señal, o para coquetear.

Se sostiene desde los estudios cerebrales que la actividad fisiológica cerebral es la causa de la experiencia, porque los pensamientos y sentimientos pueden iniciarse, detenerse o alterarse mediante impulsos eléctricos y sustancias químicas.

La información en el cerebro

El incesante ritmo de vida que llevamos en la actualidad es, quizás, el origen más común de nuestros olvidos, falta de memoria y cansancio mental. Pero hay otra enfermedad que aqueja a las sociedades modernas y que cada vez ataca a más personas: el mal de Alzheimer. ¿Qué es este trastorno?

Veamos:

El mal de Alzheimer es una enfermedad que conlleva y se origina en una lesión física del cerebro, y que forma parte del grupo más amplio de trastornos de este tipo que se denomina demencias. ¿Cuáles son los signos específicos de esta enfermedad y de muchas clases de demencias en un principio?

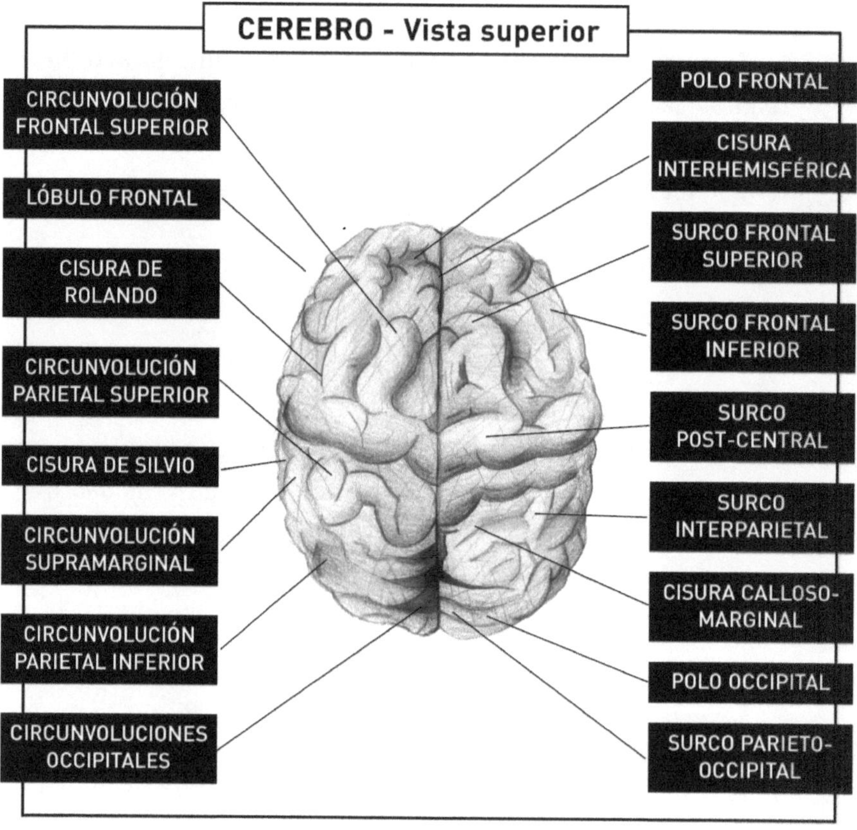
CEREBRO - Vista superior
CIRCUNVOLUCIÓN FRONTAL SUPERIOR
LÓBULO FRONTAL
CISURA DE ROLANDO
CIRCUNVOLUCIÓN PARIETAL SUPERIOR
CISURA DE SILVIO
CIRCUNVOLUCIÓN SUPRAMARGINAL
CIRCUNVOLUCIÓN PARIETAL INFERIOR
CIRCUNVOLUCIONES OCCIPITALES
POLO FRONTAL
CISURA INTERHEMISFÉRICA
SURCO FRONTAL SUPERIOR
SURCO FRONTAL INFERIOR
SURCO POST-CENTRAL
SURCO INTERPARIETAL
CISURA CALLOSO-MARGINAL
POLO OCCIPITAL
SURCO PARIETO-OCCIPITAL

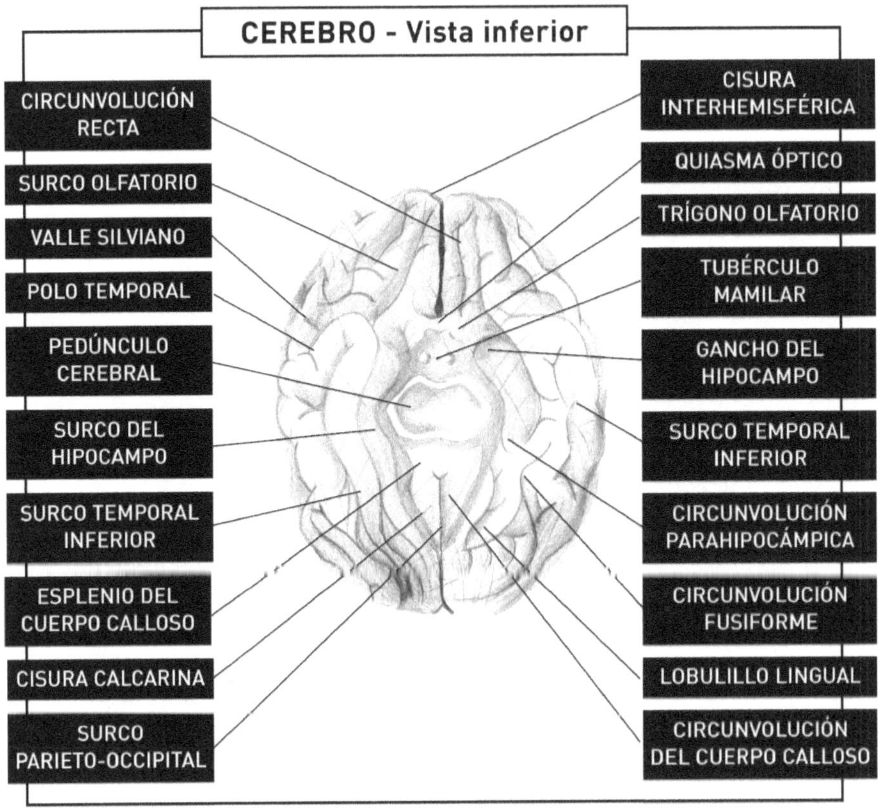

CEREBRO - Vista inferior
CIRCUNVOLUCIÓN RECTA
SURCO OLFATORIO
VALLE SILVIANO
POLO TEMPORAL
PEDÚNCULO CEREBRAL
SURCO DEL HIPOCAMPO
SURCO TEMPORAL INFERIOR
ESPLENIO DEL CUERPO CALLOSO
CISURA CALCARINA
SURCO PARIETO-OCCIPITAL
CISURA INTERHEMISFÉRICA
QUIASMA ÓPTICO
TRÍGONO OLFATORIO
TUBÉRCULO MAMILAR
GANCHO DEL HIPOCAMPO
SURCO TEMPORAL INFERIOR
CIRCUNVOLUCIÓN PARAHIPOCÁMPICA
CIRCUNVOLUCIÓN FUSIFORME
LOBULILLO LINGUAL
CIRCUNVOLUCIÓN DEL CUERPO CALLOSO

• Trastornos motores e intelectuales. Es posible que haya una persistencia en estos signos hasta un estado avanzado en la evolución, por ejemplo, una situación de automatismo limitado pero coherente, y con un grado más o menos exitoso de adaptación a la situación.

• El sueño puede presentarse como una característica común que afecta al paciente y al medio familiar. El sueño puede ser reemplazado por una excitación, una turbulencia nocturna que puede llegar a un estado llamado "onirismo". Hay algunos enfermos que sólo duermen cuando aparece cierta claridad al amanecer. Como se puede ver, esto implica un trastorno tanto para el paciente como para el grupo familiar que lo rodea.

• En su período de comienzo, toda demencia es de duración variable; según cuál sea la lesión anatómico clínica puede haber variaciones.

• Una disminución de la eficiencia del sujeto, especialmente en actividades laborales y profesionales (este trastorno a veces es muy difícil de caracterizar, porque puede confundirse con un mal momento, ansiedad difusa, cansancio, etcétera).

• La fatigabilidad, o cansancio fácil de la persona en sus actividades que hasta el momento eran las habituales.

• La dificultad, que se presenta como novedosa, de resolver problemas complejos.

• Dificultad de concentración y de mantenimiento de la atención (también puede confundirse con otras afecciones).

• Dificultades dentro del dominio de la memoria, quizás lo más común a los distintos tipos de demencia.

• Desde el comienzo, la demencia está condenada a vivir dentro de los hábitos y del automatismo que someten al paciente a un nivel básico de actividad y de pensamiento, quizás distinto o menor de la habitual.

• El paciente pierde capacidad de adaptación a situaciones y circunstancias nuevas.

• Puede reaccionar a esta pérdida inicial de adaptación y de eficacia, con una sensación o reacción depresiva (son clásicas y de cuidado las posibilidades de aparición de intentos de suicidio en este período).

• Los trastornos del sueño son habituales en este período, y los ensueños se acompañan de cierta excitación nocturna.

• Si bien la memoria no es el único factor que puede estar alterado en el comienzo de la demencia, y puede haber alteraciones mnésicas (de la memoria) en otras enfermedades, quizás las pérdidas en esta área sean uno de los puntos más característicos de este cuadro clínico.

• La pérdida de memoria sobre hechos recientes, o la amnesia de fijación son signos muy característicos (pérdida de la memoria sobre hechos recientes que se suelen fijar en un período normal del funcionamiento cerebral).

• Paulatinamente, todas estas dificultades reducen el rendimiento del paciente y afectan todo su campo de relación.

• Los pacientes en esta etapa reducen un poco su actividad mental respecto a ciertas ideas, ciertos problemas, a veces repetitivamente.

• Se produce un descenso general de la personalidad y del funcionamiento social y de la conducta.

• Pasan a dominar la vida las actividades más estereotipadas, que ubican a estos pacientes en estos períodos como retraídos, egoístas, con pérdida de las usuales maneras que solía tener y con pérdida de su buen tono.

• Este último estado puede presentarse gradual o levemente y después desaparecer, o por el contrario, ser marcado y agravarse (acá será fundamental el diagnóstico para saber si se trata o no de una demencia).

• La disminución del juicio no es la única forma en que se presenta el trastorno de la demencia; la capacidad de razonamiento también se ve afectada en el hecho de que el paciente es incapaz del razonamiento habitual y de resolver un problema, por ejemplo, aritmético simple.

• Puede cometer graves errores de cálculos mentales.

• Los trastornos de lenguaje son en general más tardíos en las demencias, tanto en el lenguaje hablado como en el escrito (es decir, el paciente puede presentar errores de ortografía que no eran habituales).

Más allá de todo lo que hemos descrito como los signos más habituales del comienzo de una demencia, y que son fundamentales para la percepción de los familiares, la posterior consulta, y el diagnóstico preciso del médico, existen también signos que nos indicarán la presencia de una demencia confirmada. Veamos cuáles son algunos de esos signos:

• El paciente ya no puede sostener más una posición de normalidad frente a su entorno familiar o laboral.

• Sus posibilidades de disimular están sobrepasadas.

• Los errores, los olvidos, los equívocos, pueden ya no ser "casuales", sino llegar hasta la incoherencia.

• Ya no se trata de dificultades sociales, de integración, o profesionales o del trabajo, sino que la desorganización mental es mayor, sobrepasa la simple dificultad pasajera o de confusión de algunos datos o actividades.

• Esta desorganización mental, intelectual y de la memoria, va a llegar o puede llegar a desembocar en una desorientación témporo espacial (falta de orientación en tiempo y espacio) a veces completa.

• Las actividades son discontinuas y se suceden con encadenamientos que a veces son difíciles de entender, es decir que están articuladas por una lógica interna personal del paciente, sobre la cual nada sabemos y de la que nada entendemos.

• Sus propósitos traducen la misma incoherencia que tienen todos sus actos, por lo cual puede llegar a ser necesario guiar al paciente en sus actividades habituales y en sus conductas ordinarias.

• La declinación desde el punto de vista "ético" y del cuidado de las conductas sociales y de urbanidad, ya es clara, por eso aparecen gestos o conductas algo antisociales que antes estaban ausentes o inhibidas.

• El paciente puede volverse grosero y no respetar las normas sociales elementales.

• Es habitual en este período la aparición de conductas inexplicables de exhibicionismo sexual (mostrar), o de voyeurismo sexual (atracción por espiar o mirar cuestiones relativas a lo sexual); todo esto estando antes ausente de la personalidad del sujeto.

• En este estado también se manifiestan síntomas neurológicos: trastornos motores o de la tonicidad.

• También aparecen trastornos afásicos (de dificultades o pérdidas en el área del habla) o afásico-agnósicos (del habla y el conocimiento o razonamiento).

• Por todo esto, el demente empieza a quedar librado a conductas estereotipadas del movimiento, que son cada vez más elementales, que pueden llegar simplemente a gestos que le dan una apariencia de autómata inmóvil, rudimentario.

• Su movimiento parece haber perdido toda finalidad.

Otras características que presenta el Alzheimer cuando ha dejado de ser una demencia primaria, sobre todo en una fase terminal, es la de una decadencia muy pronunciada en lo mental, intelectual y físico; puede haber una pérdida del control de esfínteres y hasta la persona puede incluso llegar a gatear como los bebés, o a un estado en el que debe estar inmóvil en la cama sin poder controlar esfínteres por sus propios medios, y sin poder deambular, y con incontinencia.

En un estado terminal, puede haber infecciones concomitantes que pueden llevar incluso a la muerte, en tanto éstos son pacientes que no comen, o no se alimentan bien, y pueden ingresar a un estado que puede llegar a una situación fatal por las otras enfermedades que pueden aparecer. O también puede ingresarse en un estado vegetativo al que cualquier infección corriente pone fin. Al final de este estado, la vida mental no existe, no hay comunicación entre el sujeto y el mundo exterior. Todo esto, por supuesto, en los casos más graves. De todos modos es importante señalar que todo esto se presenta en un estado terminal de la enfermedad, situación contra la que se puede luchar siguiendo todas las indicaciones y conductas recomendadas por los médicos, y confiando en todos los avances médicos y científicos que posibilitan nuevos tratamientos en base a medicamentos muy novedosos y avanzados.

En cuanto a algunas especificaciones muy puntuales del Alzheimer, podemos mencionar:

• Amnesia anterógrada retrógrada (pérdida de la memoria de corto y de largo plazo).

• Fracaso en la eficacia en las actividades.

• Desorientación témporo espacial.

• Alteraciones del lenguaje.

• Perseveración (insistencia involuntaria de conductas, palabras, gestos).

• Agnosia (trastornos o ausencia de razonamiento).

• Apraxia (trastornos o ausencia de movimientos).

• Pueden presentarse alucinaciones.

• Puede haber algún síntoma específico, focal, por la localización cerebral de las lesiones.

• Tiene una evolución de alrededor de cuatro a ocho años.

• En general el pronóstico es malo, haciendo la salvedad de los avances de tratamiento que puede haber por nuevos medicamentos.

Para cerrar el capítulo y volviendo al cerebro, según los especialistas e investigadores todos los estudios indican que mediante el uso de la capacidad cerebral podemos proteger nuestras capacidades intelectuales. Es decir, cuanto más usemos la mente, más demoramos el envejecimiento de nuestras funciones cerebrales logrando extender el período de rendimiento por un lapso mayor.

LA MEMORIA Y LA MENTE

Como venimos diciendo, el número de neuronas disminuye con la edad, eso es irreversible y orgánico. Sin embargo, también es cierto lo que ya mencionamos: está a nuestro alcance la posibilidad de sostener un buen rendimiento si nos lo proponemos.

A lo largo de las páginas siguientes vamos a ir analizando y presentando ejercicios y rutinas para nuestra mente. Existen muchos hábitos para hacer esta tarea. Algunos serán sencillos y diarios, otros demandarán un aprendizaje más profundo y sostenido.

Pero ¿cómo darnos cuenta de que nuestra memoria está sufriendo daños? Hay muchas pautas que nos alertan sobre esto y debemos prestarles mucha atención:

- Olvidar los nombres de personas que vemos periódicamente como un cliente, un comerciante del barrio, etcétera.

- No recordar nombres de familiares o amigos cercanos.

- Realizar una actividad usual como ir a retirar dinero del banco, lavar el auto o cortar el césped y tener la sensación de que es algo nuevo.

- Olvidarse el número de teléfono de familiares, del trabajo o hasta de nuestra propia casa.

- Volverse habitual el hecho de extraviar los anteojos, el control remoto, las llaves, la billetera o la cartera, entre otras cosas.

- Repetirse el hecho de que estando en la calle olvidemos dónde dejamos estacionado el auto, o en qué parada debemos tomar el bus para regresar a casa.

- Ingresar a un cuarto o habitación de la casa, encender la luz y no recordar para qué nos trasladamos allí.

- Olvidar con mucha frecuencia nombres y apellidos de actores o escritores famosos.

- Ver películas, leer libros o asistir a obras de teatro y rápidamente olvidar su contenido.

Estos son sólo algunos aspectos en los cuales podemos comenzar a percibir una alteración y, ante la menor sospecha de que nosotros o un familiar cercano esté viviendo un proceso de este tipo, debemos tomar medidas rápidas.

No hay que esperar llegar a los 60, a los 70 años o más para preocuparnos por nuestro funcionamiento cerebral. A cualquier edad sería bueno ocuparnos por mantener todas las funciones alerta.

QUÉ SITUACIONES
CANSAN LA MENTE

Ya hemos mencionado el agitado ritmo de vida actual como uno de los principales —sino el más grave— factores que dañan nuestra mente. Horarios inadecuados, falta de descanso, alimentación deficiente, exceso de trabajo, problemas familiares y otras cuestiones van generando un estado de cansancio, nerviosismo, tensión y alteración que en poco o mucho tiempo terminan afectando seriamente nuestro rendimiento mental.

Ese estado se denomina estrés. Y teniendo en cuenta su forma de inicio, su duración, los daños que produce en el organismo y la manera de erradicarlo, existen dos tipos de estrés: el estrés agudo y el estrés crónico.

Estrés agudo

Llamamos estrés agudo a aquel que se presenta en un momento de tensión extrema, como puede ser: la enfermedad de un familiar al que tenemos que cuidar; junto a las vacaciones de nuestro socio comercial al que debemos reemplazar y aumentar nuestras responsabilidades en el trabajo; sumado a que nos hemos peleado con nuestra pareja y que nuestro hijo no ha alcanzado a aprobar la evaluación final.

Esa carga de ansiedad producirá en la persona la sensación de que "yo no puedo con todo esto sobre mis espaldas"...

En un caso como este, al que seguramente ya nos hemos enfrentado de una u otra manera salvando las diferencias o los problemas, se pueden producir reacciones de dos tipos:

- tomar más fuerzas para luchar.
- buscar una escapatoria.

Si optamos por el primer camino, podemos superar la crisis (aquí podríamos pensar que no era tan grave) o generar una expectativa mayor y no poder cumplir con todos esos desafíos. En este caso sentiremos una desazón aún más grande, pues entenderemos el estado de estrés en el cual estamos inmersos y, al mismo tiempo, lo aumentaremos por la angustia de no haber concretado lo que nos habíamos propuesto.

Si el camino elegido fue la escapatoria, es probable que no incrementemos el nivel de estrés, pero seguramente dejaremos cuentas pendientes por allí y, más tarde o más temprano, volverán a la carga sobre nuestro cuerpo y el estrés será más perjudicial.

Estrés crónico

Existen situaciones en las cuales un cuadro de estrés agudo comienza a hacerse permanente y la persona se acostumbra a convivir con el estrés, dando paso a un estado que reviste mayor gravedad y que se llama estrés crónico. Es decir, cuando las tensiones, las presiones y las angustias comienzan a convertirse en perpetuas y forman parte de nuestra forma de vida.

Cuando una persona ha caído en una permanente situación estresante, además de perjudicar gravemente su vida, provoca una disminución continua de sus defensas y de su sistema nervioso, generando al mismo tiempo, una gran debilidad ante cada agresión de agentes biológicos, químicos, sociales o climáticos, es decir, exponiendo el cuerpo a ser más propenso al estrés.

Ese estado crónico de estrés se manifiesta en un principio como un estrés agudo, empeora, se agudiza en todos los órdenes y, posteriormente, da inicio a otro tipo de molestias, en este caso, físicas: dolores estomacales, gastrointestinales, de cabeza; calambres en las piernas, puntadas en el pecho o la espalda, vómitos, temblores, fuertes sacudidas antes de dormir, etcétera.

Todos esos síntomas son manifestaciones corporales de que estamos expuestos a una situación de estrés crónico y que, además, son acompañados por una paulatina falta de memoria, olvidos, desatenciones, etcétera.

¿Cómo darnos cuenta?

El conocimiento que cada uno posee de su cuerpo hace que podamos percibir los síntomas corporales y mentales que sufrimos ante una situación estresante. Ansiedad, nervios, malestar estomacal o alteraciones en el sueño son problemas que podemos distinguir por nuestros propios medios. Pero a su vez, hay alteraciones en el semblante, en el comportamiento o en la forma de actuar que los demás observan en nosotros. Es común que una persona afectada por algún tipo de estrés reciba comentarios como "te veo cansado"; "¿estás nerviosa?"; "tenés la cara pálida"... Todas esas situaciones son señales inequívocas de que un estado de estrés nos está afectando.

La relación entre el estrés y cada individuo es muy variable y puede ser completamente diferente en dos personas. Sin embargo, hay una escala de acontecimientos perturbadores y estresantes que afectan a todos por igual, pues son situaciones inesperadas, tristes, insalvables, de peligro o de muy difícil solución. Otros, como casarse, son felices, pero llevan a un profundo estado de tensión. En esa escala de complicaciones podemos encontrar por orden de importancia los siguientes factores perjudiciales para nuestra salud y nuestra mente:

- Fallecimiento del cónyuge
- Divorcio definitivo
- Menopausia (antes, durante y después de ese proceso)
- Separación y alejamiento de la pareja
- Fallecimiento de un familiar cercano

- Conocimiento de una enfermedad grave o de una lesión que llevará mucho tiempo rehabilitar
- Contraer matrimonio
- Despido laboral
- Reconciliación con la pareja
- Jubilación o alejamiento de un lugar donde se ha trabajo por muchos años
- Enfermedades de los familiares más queridos
- Embarazo
- Disfunciones sexuales
- Nacimiento de un hijo
- Traslado laboral, cambio de funciones o modificaciones en el salario
- Fallecimiento de un amigo
- Períodos de fuertes discusiones de pareja
- Obtención de un crédito
- Independización de los hijos
- Deudas con el banco
- Discusiones con el jefe
- Cambios laborales de la pareja
- Mudanza
- Modificación brusca del horario laboral
- Descanso insuficiente
- Cambio de institución educativa
- Traslados de amigos a otros países
- Comienzo o finalización de estudios, cursos, reuniones sociales, etcétera
- Vacaciones
- Llegada de nuevos vecinos

Síntomas y consecuencias

El estrés es una respuesta a un peligro que, si no se elimina, se combate o se suprime a tiempo puede llevar a una alteración física. Esas agresiones pueden afectar a cada persona de distintas maneras. Ante una complicación, el cuerpo acude a su sistema de defensa y se ponen en juego una serie de mecanismos corporales que preparan al físico y a la mente para sobrellevar el problema. Existen decenas de manifestaciones de nuestro organismo. Entre las más comunes están:

- latidos del corazón más fuertes
- picazón en la piel
- temblores
- falta de apetito
- tensión en los músculos
- sudor abundante
- sed
- sequedad bucal
- trastornos hormonales
- presión alta

Cuando la situación estresante es de corta duración (un examen, la entrega de un informe, un viaje, una reunión, etcétera), un rato de relajación o algún ejercicio descontracturante servirá para superar el malestar.

En cambio, cuando la alteración se mantiene por un tiempo más extenso, el estrés se va acumulando y se manifiesta en agotamiento físico, cansancio, nerviosismo y otros síntomas que pueden variar según la persona aprovechando sus propias debilidades.

En todos los casos, el estrés sigue siendo uno de los peores enemigos de nuestra memoria y nuestra mente afectando el funcionamiento y el rendimiento de nuestra capacidad mental en todo momento. Por ello es tan necesario neutralizarlo a tiempo y mantener la mente en permanente ejercitación para no sufrir su impacto.

El estrés tiene 3 etapas claras y bien definidas que se manifiestan como una respuesta del organismo ante una situación estresante.

Primera etapa: Es el momento en el cual el cuerpo detecta un peligro, una agresión, una amenaza y se dispone a entrar en acción. La misma puede ser ignorar el ataque o activar los mecanismos para contrarrestarlo. En ese caso, son liberadas hormonas por las glándulas endocrinas que trasladan la adrenalina a lo largo del organismo. Esto se manifiesta con transpiración, dilatación en las pupilas y un ritmo respiratorio más acelerado.

Segunda etapa: Una vez que el cuerpo ha detectado una alarma, activó sus defensas para protegerse y superó el momento, se procede a la restauración de todos los sistemas y a la regularización de sus funciones normales.

Tercera etapa: Se pasa a esta etapa cuando la situación estresante reviste tal importancia que el organismo no puede erradicarla mediante su sistema de defensa. Es probable que si ese estado se normaliza en pocas horas o días, el cuerpo pueda recuperarse; sin embargo, cuando el problema se extiende en el tiempo el individuo comienza a recorrer un camino que necesitará la visita al médico para realizar un diagnóstico y encontrar las causas para combatirlas.

Si el estrés continúa, el cuerpo permanece alerta y no puede reparar los daños. Si continúa la resistencia se inicia la tercera etapa, agotamiento, cuya consecuencia puede ser una alteración producida por el estrés. La exposición prolongada al estrés agota las reservas de energía del cuerpo y puede llevar en situaciones muy extremas incluso a la muerte. Pero aún sin llegar a extremos tales, cuando se mantienen elevados niveles de estrés, durante un período de tiempo considerable, empezamos a asumir formas de conductas inadecuadas.

Una de las situaciones que nos genera esta hipertrofia del estado de alerta es la ansiedad; comienza sin ser patológico al principio, pero se termina transformando en crónico, debido a la suma de tensiones y sobrecargas musculares por la hiperactivación del sistema simpático – adrenérgico. Esto hace que el cuerpo se vaya sensibilizando cada vez más a estímulos menores, que terminan desencadenando una respuesta excesiva. Por ejemplo, cuando saltamos del miedo y nuestro corazón se acelera por varios minutos sólo porque alguien habló de pronto detrás de nosotros. Entonces, todos esos recursos extra que emplea el organismo para enfrentar el estrés los quita de diferentes funciones y la función cerebral es la que se ve más seriamente afectada por la reducción de recursos.

CONSEJOS PARA ALIMENTAR LA MENTE

Cómo veremos en el capítulo que sigue a éste existen ejercicios mentales para mejorar nuestro rendimiento, mantener la memoria y retrasar el envejecimiento. Pero, antes de eso, hay una costumbre y un hábito que debemos considerar como esencial, no sólo para la mente, sino para que el organismo tenga energía suficiente para cumplir todos sus procesos: la alimentación.

Comer de manera saludable y nutritiva le dará a nuestro organismo —entre muchas ventajas— la posibilidad de liberar al cerebro de ocuparse de extensos procesos digestivos y de eliminación de residuos de la alimentación, disponiendo de más energía para las actividades de la cognición y la memoria.

Lo físico y lo psíquico, si bien van por caminos separados, son dos aspectos que van de la mano. Cada uno de ellos interfiere y modifica el otro. Para bien o para mal. Y ambos están completamente vinculados con la calidad de nuestra alimentación. En este caso, en la relación falta de memoria–alimentación, podemos decir que se trata de un camino de ida y vuelta, afectándose de manera mutua.

La mala alimentación sumada a las condiciones laborales, familiares o personales propensas al estrés, al cansancio o a la falta de alimentación, pueden provocar una reducción en nuestra calidad de vida. Entre los errores más comunes podemos citar:

- ingerir alimentos de digestión larga.
- comer fuera de horarios.
- no desayunar para llegar temprano al trabajo o llevar a los niños a la escuela, sin entender que la primera comida del día es la más importante.
- no respetar los requerimientos diarios de hidratos de carbono, grasas, proteínas, vitaminas y minerales.
- realizar una sola comida fuerte al día, y generalmente a la noche, cuando lo esencial es cenar muy liviano.

Todo eso se manifiesta en:

- comportamientos irascibles frente a familiares, amigos o compañeros de trabajo.
- un descanso incompleto pues el cuerpo tarda en digerir los alimentos.

• aparición de enfermedades estomacales o gastrointestinales.

• menos deseos de realizar otras actividades, perdiendo el tiempo de ocio y pensando sólo en las complicaciones que nos afectan a diario.

Conociendo los errores que cometemos al alimentarnos y las consecuencias que tienen sobre la mente, podemos emprender un programa para eliminar de nuestra dieta la mayor carga de tensiones, presiones y malestares que se generan por una ingesta inadecuada de alimentos.

Algunas de las costumbres saludables que podríamos adoptar son:

• relajarse antes de comer.
• no buscar escapar de las presiones cotidianas sentándonos a comer.
• si ha llegado la hora de la comida y no tenemos hambre, es preferible no comer por costumbre.
• no comer nunca hasta saciar el apetito, sino que debemos ingerir sólo una porción normal para disminuir la ansiedad.
• no irse a la cama hasta que hayan pasado al menos dos horas de la cena, para hacer la digestión despiertos y no durante el sueño.

Obviamente que la manifestación de problemas de memoria es una alteración que necesitará el chequeo y la revisión de un médico junto a un tratamiento. No podremos superarlo solamente con un cambio en la dieta, pero, indudablemente, podremos aliviar las cargas que producen una digestión larga y pesada si dejamos de lado los alimentos contraindicados.

La idea es modificar la manera de alimentarnos, incorporar a la dieta aquellos productos beneficiosos para los distintos órganos del cuerpo y acostumbrarnos a un nuevo régimen que, en un tiempo medio, traerá muchos beneficios al organismo, como la reducción del estrés y la armonía de la mente.

Más allá de aconsejar sobre determinados alimentos que son saludables, aquí se trata de tomar conciencia, poner un poco nuestro propio sentido común y eliminar aquellas sustancias que todos sabemos que nos afectan, dificultan nuestra digestión o aumentan la acumulación de grasas: frituras, aceites, excesos de carne roja o de caza, chocolates, dulces, etcétera.

El primer paso para alimentarnos sanamente es darnos cuenta de aquellas cosas que nos afectan y dejarlas de lado. Una vez que hayamos comprendido esa situación, habremos dado un paso fundamental que nos ayudará en el segundo escalón de este camino: añadir a nuestras comidas los productos ricos en vitaminas, minerales, antioxidantes o proteínas de origen natural, sin la necesidad de recurrir a esos complejos químicos alimentarios que se comercializan en el mercado y que, en la mayoría de los casos, son más perjudiciales de lo que pensamos.

Como todo esto quizás no parece tan relacionado con el estrés, es necesario señalar que los alimentos ricos en minerales y vitaminas son los nutrientes esenciales del sistema nervioso, por tal razón, si ese sistema se encuentra fuerte la posibilidad de que se desarrollen problemas de memoria se encontrará más lejana.

Entre los recursos naturales que debemos incorporar, no deberían faltar los siguientes minerales, vitaminas y alimentos:

Alimentos ricos en magnesio:
- alejan la depresión.
- son tranquilizantes y no producen irritabilidad.
- deben combinarse con calcio para maximizar su rendimiento.

Alimentos ricos en calcio y fósforo:
- son fundamentales pues el agotamiento disminuye las reservas de ambos minerales.
- favorecen la fortaleza mental y la estabilidad nerviosa.
- aceleran la recuperación corporal.
- necesitan la presencia de vitamina C y D.

Alimentos ricos en hierro:
- colaboran en el transporte del oxígeno a los diferentes órganos, especialmente a los pulmones.
- son "protectores" naturales contra la mente.
- producen mayores beneficios cuando se combinan con el cobre.

Alimentos ricos en vitamina A:

• cuidan las células nerviosas e impiden el desgaste del sistema nervioso.

• protegen las membranas mucosas.

• evitan las infecciones.

Alimentos ricos en vitamina B:

• son los principales protectores del sistema nervioso y, especialmente, las de los grupos B12 y B15 son imprescindibles.

• regeneran el nivel de glóbulos rojos.

• están íntimamente relacionados con la acumulación de energía y fuerza.

Alimentos ricos en vitamina C:

• recomponen las células afectadas por el cansancio.

• ayudan en los procesos auto-curativos del cuerpo en la mayoría de los órdenes.

Alimentos ricos en vitamina D:

• ayudan en la absorción del fósforo y del calcio.

Alimentos ricos en vitamina E:

• colaboran en la oxigenación del sistema nervioso y de los músculos, facilitando el trabajo del corazón.

• son unos de los más recomendados pues previenen todas las enfermedades cardíacas.

• impiden la formación de coágulos sanguíneos provocados por fuertes presiones o ataques de nervios.

Todos estos minerales y vitaminas deben ser ingeridos de manera natural, a través de los distintos alimentos que los contienen. En todos los casos una visita al nutricionista será fundamental para elaborar una dieta que reúna todos estos nutrientes. Dentro de lo posible, y salvo por prescripción médica, deben evitarse los complementos dietarios para reemplazarlos. A continuación enumeramos algunos alimentos que podrían incluirse en una dieta:

Naranja y otros cítricos:

- aporta la cuota diaria necesaria de vitamina C.
- refuerza las defensas.

Banana:

- incluye varias vitaminas, entre ellas, la A, la B y la C.
- contiene los minerales básicos (magnesio, potasio, calcio, hierro y cobre).
- calma el apetito y se digiere muy fácilmente.

Brócoli:

- posee vitamina C.
- como todas las verduras, cuanta menor cocción reciban, serán más nutritivas.

Nueces:

- son una fuente de energía y proteínas que pueden consumirse junto a otros alimentos.
- son altamente vigorizantes para los estados de agotamiento y cansancio.

Pasas de uva:

* poseen magnesio, hierro, calcio, potasio, fósforo y cobre.

* cuentan con un alto nivel de vitaminas B1 y B6.

Almendras:

* es un alimento muy completo.

* posee la mayoría de los nutrientes necesarios para el sistema nervioso.

* contiene minerales y es una alta fuente de proteínas.

Espinaca:

* es una verdura rica en vitamina A.

* al igual que todas las verduras de hojas verdes, cuenta con distintos minerales (hierro, cobre, magnesio, calcio, etcétera) y todas las vitaminas del grupo B.

Leche:

* es una de las principales fuentes de calcio y uno de los alimentos esenciales.

* aporta potasio, fósforo y varias vitaminas, como la B12.

Cereales:

* la mayoría de ellos son curativos.

* poseen varias vitaminas, entre ellas, la B y la E y numerosos minerales.

* son beneficiosos para el sistema nervioso.

Alimentos nocivos

Muchos productos y alimentos son consumidos por ser sabrosos: "me fascinan los chocolates", o por tener distintas cualidades: "el café me mantiene despierto"; sin embargo, detrás de ellos se esconden muchos de los males que afectan nuestra alimentación, dañan el sistema nervioso central, aceleran el ritmo cardíaco, aumentan los niveles de colesterol, producen males estomacales, perjudican la digestión, alteran el normal descanso y, finalmente, agudizan los estados de cansancio y falta de memoria. Además pueden ser adictivos.

Entre estos elementos perjudiciales podemos mencionar:

• cafeína, que se encuentra presente en el café, en el té, en los chocolates y en la mayoría de las bebidas gaseosas.

• azúcar, presente en muchos alimentos y muy dañina cuando se la consume en exceso (se puede reemplazar por la miel). Impide la absorción de vitamina B.

• sal, neutraliza la asimilación de calcio en el organismo.

En síntesis, todo lo mencionado tiene estrechísima relación con el cerebro. Este necesita alimentarse y consume nutrientes esenciales, por eso, cuanto más variada y rica sea la alimentación estaremos brindándole a nuestro cerebro las herramientas necesarias para rendir al máximo de sus posibilidades.

EJERCICIOS PARA LA MENTE

Ya hemos visto que hacer trabajar a la mente es uno de los mejores recursos para mantener el cerebro en estado. Es necesario entender que el cerebro trabaja siempre: regulando procesos, guiando la respiración, administrando las energías, leyendo, memorizando, mirando alrededor, escuchando los sonidos. En cada uno de esos rubros (y todo el que se nos ocurra) el trabajo del cerebro está presente.

Muchas de esas labores se hacen de manera mecánica y, con el correr del tiempo, se vuelven rutinarias. Si no exigimos nuevos desafíos y retos, se irá apagando su repentización. ¿Qué podemos hacer para obligarlo a trabajar? Ejercitarlo a diario con actividades simples y:

• estudiar otro idioma.

• escribir un diario personal, cartas, un blog (si nos llevamos bien con la computación), etc.

• pintar cuadros.

• hacer pequeñas esculturas o manualidades.

• dedicar un tiempo diario a armar rompecabezas.

• volver a tocar un instrumento si alguna vez lo hicimos o aprender a usar uno.

Por supuesto que cuando hablamos de estas actividades no queremos decir que debemos ser un políglota, un escritor que realice best-sellers, un artista plástico o un músico de orquesta. Estas tareas que proponemos son simplemente para usar el cerebro, poner a funcionar la mente y agilizar nuestra memoria poniéndola a prueba todos los días. Es decir, para ejercitar el cerebro no necesitamos estudiar astronomía, ni física cuántica ni el comportamiento de las sociedades nórdicas ante la nieve. Sólo se trata de tomarse unos minutos al día para ejercitar el cerebro y que adoptemos costumbres y hábitos para mejorar nuestro nivel intelectual.

Además de algunos hábitos que ya mencionamos, a continuación veremos diferentes técnicas para poner en práctica.

Hábitos y costumbres

• Prevenir todo tipo de enfermedades mediante controles y chequeos periódicos.

• Mantener un buen nivel de vida fisiológico: lo mental, lo físico y lo emocional deben mantenerse en equilibrio.

• Alimentarse adecuadamente.

• Leer es esencial para recuperar conceptos, aprender palabras, descubrir significados y mantener la memoria activa. Si además de diarios y revistas, podemos leer libros de cuentos, de novelas, de poesías, es decir, historias más largas y complejas que nos obliguen a mantener la atención durante varios días en un libro, estaremos haciendo mucho para mejorar nuestra mente.

• Realizar tratamientos antiestrés y relajantes.

• Olvidarse de la calculadora y la computadora. Hacer las cuentas en forma mental agiliza la mente.

• Tener como costumbre realizar un cambio diario en nuestra rutina. En cosas sencillas como:
- bajarnos una parada antes o después del bus;
- caminar por otra vereda;
- cambiar los recorridos que hacemos a pie cuando vamos al trabajo o a realizar las compras;
- alterar el orden de los comercios a los que vamos (si empezamos por la panadería, seguimos por el almacén y terminamos en la verdulería, invertir ese circuito);
- sentarnos en lugares diferentes de la mesa;
- si sacamos a pasear a nuestra mascota, modificar ese recorrido con frecuencia;
- etcétera.

• Concurrir a una terapia de masajes periódicamente.

• Reposar y dormir correctamente.

• No llevar lista al supermercado para hacer las compras. Intentar memorizar los productos por comprar. Empezar, por ejemplo, con 6 elementos e ir aumentando en cada visita. Podemos llevar una lista y dejar fuera de ella media docena de productos y así ir aumentando de a 2 ó 3 productos por vez.

• La lectura debe ocupar al menos media hora diaria. Con ese tiempo podremos ejercitar la mente correctamente.

• Incorporar al baño diario aceites esenciales, jabones aromáticos, sales de baño, etc. Poner música en el baño y, mientras estamos sumergidos en la bañadera, hasta podemos degustar un té relajante. Esta rutina aleja de nuestra mente las tensiones del día.

Ejercicios

• Los ejercicios de memoria visual son útiles para ver en qué grado se encuentra nuestra memoria. Para esto podemos observar imágenes, fotos o dibujos (que cambiaremos en cada ejercicio) y, por ejemplo, ver cuántas cosas de ellos recordamos en un minuto. Podemos ir anotando los tiempos y la cantidad de objetos recordados en una libreta para ir comprobando día a día si mejoramos o si permanecemos igual.

• Todo tipo de desafío de palabras y letras como crucigramas, adivinanzas, sopas de letras, acomodos, etcétera, son básicos de la ejercitación mental.

• Los juegos de memoria con números también son fundamentales. Si nos gusta ese tipo de divertimento, resolver problemas y ecuaciones agilizará nuestro cerebro. En este aspecto, el sudoku –del que presentaremos ejercicios prácticos más adelante– es uno de los más recomendados.

• Tomar fotos o imágenes grandes o con mucha información, observarlas por unos instantes y, luego de cubrirlas, recordar personas, objetos, colores y ubicaciones.

• Realizar una secuencia de figuras geométricas con cartones o goma eva de distintos colores, armar una secuencia y, luego de observarla, intentar recordar formas y colores.

• Si disponemos de tiempo y nos gustan las historietas, podemos recortar fotos, caras y personajes de diarios y revistas y armar nuestras propias tiras de humor pegando esas caras sobre un papel e inventando historias.

• Repetir una o dos veces al día un trabalenguas ayuda a mantenernos alerta.

• Jugar a tomar una palabra y repetir su familia de palabras aumenta nuestro vocabulario y ayuda a la mente.

• Abandonar los grandes hipermercados que huelen a limpio y a desodorantes de ambiente y concurrir a mercados populares, de esos tipo feria, donde los olores y las fragancias invitan a recordar comidas, ingredientes y productos. Ese ejercicio olfativo ayuda a activar los rincones más olvidados de la mente.

• Tocar instrumentos mejora la concentración, la coordinación de movimientos y la capacidad de creación e innovación. Media hora de práctica al día, es suficiente para mejorar la mente.

• Realizar cursos de fotografía y participar de grupos para compartir salidas y trabajos. Tomar fotos de lugares, paisajes, objetos, aves o lo que sea es un ejercicio excelente para relajarse, mantenerse en movimiento.

• Con el paso de los años a todos nos quedan pequeñas cuentas pendientes como hacer jardinería, estudiar el italiano que hablaban nuestros abuelos o aprender a nadar. A la hora de ejercitar la mente, retomar esas deudas y ponerlas en marcha es un buen plan para mejorar la mente.

• Elaborar listados de palabras, leerlas, tapar la lista y ver cuántas recordamos en 30 segundos o en un minuto. A medida que pasan los días podemos ir aumentando de manera paulatina la cantidad de palabras. Estaría bien empezar con 10 palabras y luego ir aumentando de a 5 o de a 10. En este caso recomendamos poner palabras que nada tengan que ver: es decir, no poner un listado de colores, o de países, o de frutas. Si usamos vocablos de distinta índole, el ejercicio será más productivo.

• Cepillarse los dientes y peinarse con la mano no hábil. Así exigimos a la mente un doble trabajo: el de la tarea en sí y el de hacerlo con la mano que no está acostumbrada. Con el correr de los días mejoraremos el rendimiento.

• El ajedrez es uno de los mejores juegos de mesa para agilizar el nivel de memoria y concentración. Podemos jugarlo con nuestros hijos o nietos. En diversos parques, plazas y centros comunales se realizan torneos y prácticas de este juego.

• Al probar un plato desconocido, cerrar los ojos y degustar un bocado con tiempo, saboreándolo, tratando de descubrir sus componentes y sabores. Si podemos concurrir a restaurantes exóticos de diversos orígenes, podemos pedir el plato típico del lugar, que será desconocido para nosotros y tratar de descubrir qué ingredientes lo componen.

• Si una de nuestras pasiones es enseñar y somos buenos o tenemos experiencia en algo, podemos presentarnos en algún centro comunitario o vecinal para ofrecer nuestros servicios, aunque no sea un trabajo remunerado. Enseñar a estudiar, un idioma, música, fotografía, manualidades o cualquier otra actividad nos permitirá mantenernos en ejercicio y tener relación con distintas personas, exponiéndonos a otras opiniones y obligándonos a mantenernos actualizados.

• De acuerdo con nuestra edad existen lugares adecuados para realizar gimnasia y clases de baile acordes con nuestras posibilidades. Las dos actividades —bailar y ejercitar el cuerpo— son altamente positivas para la mente pues nos hacen recordar movimientos, rutinas, contar ejercicios, etc.

• Todo tipo de juego de mesa, especialmente aquellos que nos obligan a razonar como el ajedrez o el scrabble. Los juegos de dados y de naipes también pueden ayudarnos.

• Si practicamos ajedrez, o juegos similares de uno contra otro, elijamos rivales de nuestro nivel o aún mayor para aumentar el nivel del desafío.

• Hacer crucigramas y responder preguntar mediante la técnica del multiple-choise (más adelante presentaremos ejercicios de este tipo), sobre cultura general, nos ayudará a indagar en nuestros conocimientos pasados y a reactivar todos los caminos de la mente.

• Apagar el televisor. Podemos ponernos como meta no ver TV un día entero, luego todo el fin de semana y así ir agregando noches en la semana. Mediante este ejercicio lograremos encontrar más tiempo para otras tareas y actividades.

• Si no podemos apagar la TV, propongámonos ejercicios con la misma como anotar frases y luego memorizarlas, recordar la ropa de los conductores, memorizar el decorado de un programa y a la semana siguiente verificar si lo recordamos tal cual es, comentar con un integrante de la familia o amigo los acontecimientos de una película o de una serie varios días después de verla para ver cuánto recordamos, etc.

PREGUNTAS PARA MEJORAR NUESTRA CULTURA GENERAL Y AGILIZAR LA MENTE

La historia, la música, la filosofía, la astronomía, la literatura; el origen de las palabras y las frases; la biología, la zoología, la religión, la mitología y otros aspectos de la cultura no sólo nos ponen a prueba sino que nos ayudan a construir una imagen social sobre nosotros mismos. Es decir, que responder estas preguntas —u otras similares— además de agilizar la mente y entrenar el cerebro nos permitirá ganarnos un respeto ante los demás. A continuación brindamos una serie de interrogantes con opciones para ayudarnos y con las respuestas correctas para autoevaluarnos. Existen innumerables publicaciones y juegos de mesa para poner a prueba nuestro conocimiento y ejercitar la memoria:

1. ¿Cuáles son las siete maravillas del mundo?

OPCIONES

Opción 1
a) Los canales venecianos
b) La torre Eiffel
c) El Coliseo de Roma
d) La Acrópolis
e) La torre de Londres
f) La muralla china
g) La catedral de Granada

Opción 2

a) El Taj Mahal

b) El acueducto de Segovia

c) El Código de Hammurabi

d) El Buda de Kamakura, Japón, siglo XIIIe) La imprenta de Gutenberg

f) El Vaticano

g) La Meca

Opción 3

a) Las pirámides de Egipto

b) El Faro de Alejandría

c) Los jardines colgantes de Babilonia

d) El templo de Diana en Éfeso

e) La estatua de Zeus en Olimpia

f) El Coloso de Rodas

g) La tumba de Mausolo en Halicarnaso

•••

2. Es bien sabido que el caballo de Don Quijote de la Mancha, el célebre personaje de la literatura universal creado por la pluma de Cervantes, se llamaba Rocinante. Pero ¿cómo se llamaba el asno, de color pardo claro, que montaba el no menos célebre escudero de Don Quijote, Sancho Panza?

O P C I O N E S

a) Rucio   b) Sorrel   c) Bejuco

3. ¿A qué se debe el ruido de los truenos?

a) El choque de dos nubes

b) La dilatación del aire al paso de un rayo

c) El estallido de un rayo al caer a la tierra

•••

4. Mercurio, Venus, Marte, Júpiter, Saturno y Urano son algunos de los planetas que giran alrededor del Sol. ¿Cuáles son los dos planetas que faltan en la lista?

O P C I O N E S

a)Tierra y Neptuno

b) Luna y Andrómeda

c) Mercurio y Venus

•••

5. Cuando una persona ve una estrella fugaz surcando el cielo, se dice que "cayó una estrella". ¿Cuáles son los dos errores que encierra esta afirmación?

O P C I O N E S

a) Ni cae ni es una estrella.

b) Pasó por el cosmos y es un objeto astral.

c) Es la explosión de un cometa y vemos sus restos.

•••

6. Dos expediciones, encabezadas respectivamente por Scott y Amundsen, se propusieron llegar al Polo Sur y lo hicieron con apenas 34 días de diferencia. Amundsen pudo sobrevivir, pero Scott, murió al regresar. Su expedición sufrió el azote de vientos huracanados, tempestades y temperaturas inferiores a los 50 grados centígrados bajo cero. ¿En qué año ocurrieron estos acontecimientos?

OPCIONES

a) 1922
b) 1927
c) 1912

•••

7. Muchos dichos populares encierran un significado utilizado cotidianamente, pero muchas veces, no se conoce su origen. ¿Qué significa que a alguien "se le hace el campo orégano"?

OPCIONES

a) El caballo corre mejor cuando huele el orégano.
b) El campesino que tiene orégano en su campo incrementa sus ingresos.
c) El campesino que tiene orégano en su campo tiene más fortuna.

•••

8. ¿Qué figura de la Historia Universal pronunció estas palabras antes de morir?"Oh, Libertad. Cuántos crímenes se han cometido en tu nombre".

O P C I O N E S

a) Madame Pompadour
b) Madame Rolland
c) Juana de Arco

•••

9. ¿A qué se denomina perihelio?

O P C I O N E S

a) La distancia que existe entre dos planetas.
b) La vuelta total de un planeta alrededor del sol.
c) El punto de la órbita en que un planeta se halla cerca del sol.

•••

10. ¿Existe alguna diferencia entre un mulato y un mestizo? ¿Cuál?

O P C I O N E S

a) Mestizo es hijo de blanco e indio; mulato, de negro y blanco.
b) Mestizo es hijo de blanco y negro; mulato, de indio y blanco.
c) Mestizo es hijo de indio y negro; mulato de blanco y negro.

11. ¿Cómo se llama el personaje principal de la célebre novela Crimen y Castigo, escrita por Fiodor Dostoievsky?

O P C I O N E S

a) Stepanchicovo
b) Rascolnicov
c) Iván

•••

12. ¿En qué famosa obra de William Shakespeare, el personaje principal se llama Don Adriano de Armado?

O P C I O N E S

a) Penas de amor perdidas
b) Otelo
c) Hamlet

•••

13. Los jesuitas fueron expulsados de las tierras americanas, pero ¿en qué año?

O P C I O N E S

a) 1795
b) 1767
c) 1756

•••

14. ¿Qué es el calostro?

a) La primera leche materna.

b) El tiempo durante el cual se amamanta a un bebé.

c) La alimentación suplementaria del bebé.

•••

15. ¿Cuánto tarda, exactamente, la Tierra en dar una vuelta completa sobre su propio eje?

a) 23 horas, 56 minutos, 4.09 segundos

b) 24 horas, 4 minutos, 12.00 segundos

c) 24 horas, 0 minutos, 0 segundos

•••

16. ¿En qué se diferencian un relámpago y un rayo?

El relámpago es:

a) La acción eléctrica que se produce cuando chocan dos nubes.

b) La chispa eléctrica que se produce entre dos nubes.

c) La corriente eléctrica que se expande por el agua que contiene una nube.

El rayo es:

a) La chispa que se produce entre una nube y la tierra.

b) La chispa que se produce cuando chocan dos nubes.

c) La corriente eléctrica que se expande al cargarse de agua una nube.

•••

17. ¿De la cruza de qué animales se obtiene un mulo?

OPCIONES

a) Un caballo y una burra o un burro y una yegua.

b) Un caballo y una mula.

c) Un mulo y una yegua.

•••

18. ¿Quién escribió la famosa ópera llamada "Elixir de amor"?

OPCIONES

a) Verdi

b) Donizetti

c) Gounod

•••

19. ¿Qué significa ser agnóstico? ¿Quién utilizó por primera vez este término?

Ser agnóstico significa:

a) Declarar inaccesible al conocimiento actual toda relación y elucubración sobre lo absoluto, es decir sobre la presencia de Dios.

b) Declarar accesible al conocimiento, por medio de la fe, toda relación con lo absoluto, es decir, la presencia de Dios.

c) Reafirmar que existen elementos para demostrar la presencia de Dios.

El primero que utilizó este término fue:

a) Thomas Henry Huxley

b) George W. Hegel

c) Gerhart Hauptmann

•••

20. ¿Qué tres países conformaron el denominado "eje" durante la Segunda Guerra Mundial?

O P C I O N E S

a) Estados Unidos, Francia e Inglaterra

b) Japón, Alemania e Italia

c) Inglaterra, Canadá y Australia

•••

21. El 30 de enero de 1649 fue ejecutado Carlos I de Inglaterra. El encargado de ordenar su ejecución abolió la monarquía y se convirtió en lord protector de Inglaterra, Escocia e Irlanda. ¿De quién se trata?

OPCIONES

a) Charles Worcester
b) Oliver Cromwell
c) Lord Ponsomby

•••

22. La ciudad de Granada fue tomada por un ejército árabe comandado por Emir Boabdil. En la actual catedral de esta ciudad, se halla un famoso cuadro que muestra a la reina Isabel de Castilla y al rey Fernando de Aragón entregando las llaves de la ciudad. ¿En qué año se produjo este hecho histórico que, por otra parte, tuvo gran influencia en la historia de nuestro continente?

OPCIONES

a) 1478
b) 1492
c) 1502

•••

23. ¿Qué célebre novela, escrita por Víctor Hugo, estaba protagonizada por la bella Esmeralda?

a) Nuestra Señora de París
b) Cantos del crepúsculo
c) Los Miserables

•••

24. ¿Qué nombre recibe cada una de las sesenta y cuatro casillas del tablero del ajedrez?

a) Escaque
b) Troba
c) Cuadratín

•••

25. En la religión budista, tal como en toda la cultura de origen hindú, existe una figura que abarca la ley universal de la acción y sus consecuencias. Dicha figura representa la aplicación de una norma a la que nadie puede escapar, es decir que cada ser hereda su propio estigma y vuelve a producirlo, sintiendo más adelante sus consecuencias. De todos modos, esto no puede tomarse como un absoluto determinismo, ya que cada persona es libre de actuar en uno u otro sentido. ¿Qué nombre recibe esta figura?

OPCIONES

a) Brahma

b) Karma

c) Karuna

•••

26. ¿Qué se conoce con el nombre de mialgia?

OPCIONES

a) Dolor profundo y crónico de la cabeza.

b) Dolor muscular.

c) Parásito de las larvas de las moscas.

•••

27. El pectíneo es uno de los músculos del cuerpo humano. ¿En qué zona se halla?

OPCIONES

a) La zona lumbar.

b) La zona que nace en el pubis y llega hasta el fémur.

c) La zona anterior del tórax.

•••

28. El célebre navegante Marco Polo realizó varios viajes a través de diversos parajes. ¿En qué año regresó a su país, luego de visitar China?

a) 1298
b) 1297
c) 1295

•••

29. En las Sagradas Escrituras, ¿a qué se denomina Pentateuco?

O P C I O N E S

a) El conjunto de los primeros cinco libros sagrados.
b) Los primeros cinco años de vida de Jesucristo.
c) Las cinco primeras estaciones del calvario de Jesucristo.

•••

30. El pintor Deomenico Theotocopuli se volvió célebre gracias, entre otros, a los cuadros de Cristo en la Cruz y de San Juan Bautista. Sin embargo, se lo conoce más por su apodo. ¿De quién estamos hablando?

O P C I O N E S

a)El Bosco
b)El Greco
c)El Románico

•••

31. En la batalla de Boyacá, el libertador americano Simón Bolívar montó un caballo, que se hizo célebre por su rapidez y fortaleza. ¿Cuál era el nombre de este noble animal?

OPCIONES

a) Motilla   b) El moro   c) Bucéfalo

•••

32. ¿Cuál de los dioses mitológicos de la antigüedad devoraba a sus propios hijos?

OPCIONES

a) Cronos   b) Júpiter   c) Saturno

•••

33. Uno de los pintores más famosos de la historia realizaba sus pinturas basándose, como modelo, en Fornarina, hija de un panadero. ¿De quién se trata?

OPCIONES

a) Rafael
b) Rembrandt
c) Leonardo Da Vinci

•••

34. ¿A qué velocidad se propaga el sonido por el aire?

O P C I O N E S

El sonido se propaga por el aire a una velocidad de:
a) 582 metros por segundo.
b) 343 metros por segundo.
c) 405 metros por segundo.

•••

35. ¿Cuánto mide una legua?

O P C I O N E S

a) 5.420 metros   b) 5 kilómetros   c) 4.986 metros

•••

36. ¿Cuánto mide una milla marina?

O P C I O N E S

a) 1.902 metros   b) 1.672 metros   c) 1.852 metros

•••

37. ¿Cuántos metros cuadrados contiene una hectárea?

O P C I O N E S

a) 100 metros cuadrados
b) 1.000 metros cuadrados
c) 10.000 metros cuadrados

38. ¿Normalmente, cuántas teclas tiene un piano?

O P C I O N E S

a) 78 teclas

b) 88 teclas

c) 98 teclas

•••

39. En numerosas ocasiones, en nuestro idioma se utiliza la frase "la manzana de la discordia". ¿Cuál es su origen?

O P C I O N E S

a) La diosa Discordia.

b) La manzana de Adán y Eva.

c) La superstición de comer manzanas como postre.

•••

40. Las aves emiten ciertos llamados entre ellas. ¿Qué nombre reciben?

O P C I O N E S

a) Reclamo

b) Graznido

c) Ajeado

SUDOKU PARA LA MENTE

El sudoku es un apasionante entretenimiento para aguzar la destreza mental y el poder de nuestra capacidad analítica. El sudoku es un juego que se desarrolla sobre una cuadrícula de 81 casilleros individuales distribuidos en 9 bloques de 9 casilleros cada uno.

El objetivo es colocar los números del 1 al 9 dentro de cada bloque sin que se repita ninguno. A su vez, los números del 1 al 9 deben estar en cada fila y en cada columna, pero sin que haya reiteraciones, como se indica en el gráfico.

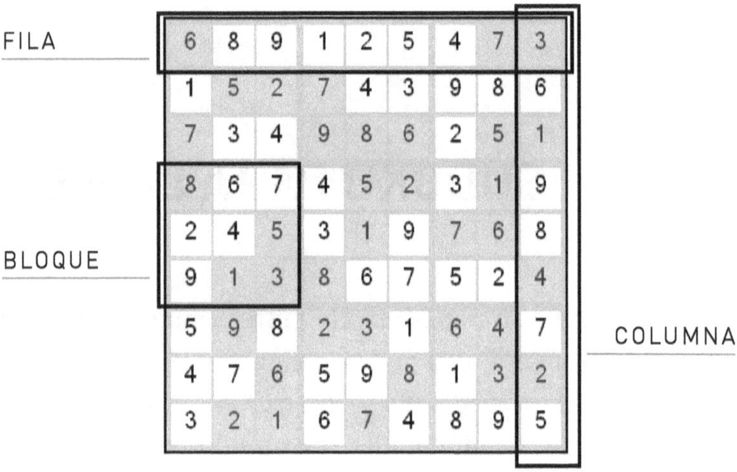

FILA

BLOQUE

COLUMNA

6	8	9	1	2	5	4	7	3
1	5	2	7	4	3	9	8	6
7	3	4	9	8	6	2	5	1
8	6	7	4	5	2	3	1	9
2	4	5	3	1	9	7	6	8
9	1	3	8	6	7	5	2	4
5	9	8	2	3	1	6	4	7
4	7	6	5	9	8	1	3	2
3	2	1	6	7	4	8	9	5

4		9	6				2	
6		3	2	8	5	9		
		8	9			3	1	6
	4	2	8		3			9
3		1		6		2		
9			7	4		1	3	8
1	9		3	5			8	
8	2			9	7	6		3
	3		4			7	9	

Número 2

		8	5	2				1
		2	3	7	1	8		4
3	1	7					9	5
6		3		9	2	1		8
	7		1	5	8		4	
	5	1				9	2	
	8	6		1	5		7	
	3	4			6	5		2
	2		4	3			8	9

Número 3

	2	6	3	5			1	8
3	9		1		8	6		
	8		6				9	3
		1		9	5	8		6
	7	9	8		6	1		
	3	8		4			5	7
	6	2	5	8	3		7	
7						3	8	5
	5	3	4	1			6	

Número 4

4	8			5	3		6	2
		5		9	2			
6		9			4	5	3	1
	4	6	9		5		1	7
	9			1		6	4	8
	1	2	8	4				
3		8				4		6
9		4	3	7	8	1		5
	5		4		9			3

Número 5

2		6		7	9	3	4	5
		7	4		5	6		
	5	3	6			7		
1				9				
	3	9		8	6	4	2	1
6	8		1		4	9	7	
9	6	1	7					4
	4	2		6	1		5	7
			2		3	1	6	

Número 6

2		5		3	1	9		4
	1	3	8			5	6	2
	4		5		2			
	2	8	9	1				5
3	9	1			5		2	6
			6	2		1	3	
1	5	6			7			8
9	8		1		6			3
			2	8		6	5	1

Número 7

	6	9	2			3		
	7		8	3		9		1
	4	3		6	1		7	2
6	1			7		4		
5					9	8	1	6
9		4	6	1	8		5	
	9		5	4		1		
	8	1		9	6			5
	5	2	1			6	9	7

Número 8

3	2	4				1		
		8	6	1		4	2	3
	5		4	2	3	8		
		6	1	9				4
		9	5	7	4	6	3	2
4	7	5					8	
9	4		8		7	3		6
1		3		4	2	7		8
5					1		4	

		4		9	5	3		7
		9	6			4	8	
6	7	3	4		1	9		
8		6	3	5	9		2	4
9				2	4	6	1	
	2	7				5		
	4	8	9	7	2	1	3	
		1		4			7	
7		2		6		8		5

Número 10

			6	8	2	4	7	3
	2	8	7			1		
7	3	4		5			2	
5			4	2	8	3	6	1
	4		3		1	7		
1	6	3					8	
2	1		8	3	6			7
4	7		2					8
	8			7		5	1	2

Número 11

9		8	3		7			
				1		8	2	9
5	6	1	8	2		4	7	
2	9	5		7	4	6	3	
4			6	3		5		
8			2			7		1
7	8	2		6		9		
	5		7		2		6	
		3		5	1	2	8	7

Número 12

7			1		8	5	9	4
1		3	9		4			
9	4		6			3		1
2			5	8	3			6
3	5						7	2
6	1		2	7			3	5
		2	3	4				9
	9	7	8	6	2	1	4	
4	3					2	6	

		2		7		5	9	
8	6	7		5	3	2	1	
				1				
1	4	9		6			8	2
	5		3	8	2	9		
								5
			7					9
5		4	6			8		7
3	7		4			5	1	

Número 14

	9				6		3	
5		8	3	7	1	4		
	1					8	6	
		3				1		
8	7			5	4			9
4			9	2			8	7
	4	9					7	
7		2	6		9		1	8
				3	7	9		

Número 15

8	4			6	9		3	
			3			1		8
3	5			4			9	
4	8							1
6		9	5	2		3	8	
				8	3	9		
9	1	4	6				7	
			9		4			6
		2			7		1	9

Número 16

	8	4	1			3	2	
1			2	3		4		
		3	4					1
					9	7	1	
9		6	7					
4		7		5	2	6	9	
6		8	9	7			3	2
						1		
7		1	5	2		8		

		6	5		4		7	2
5		3	7	1			8	
7							4	
8			1		3			
3	1	4		5		7	9	8
				9		4		
		8		2			1	
1		9	4		8	5		
	3		9			8	6	

Número 18

2				1		9	5	
8	6		5		3			
5				7			6	8
		5	9		1	3	8	4
	9	6	3					
	8			2		6		
6	4					2		5
9		2	6	4			3	1
			5	9				

Número 19

			1	6	3		7	
	3	6				2		
		8				6		
	9	7		3				2
		3					9	
			4		7		6	
3	2					9	8	
8				2	4			6
				8				

Número 20

9		8	4					7
			3	1			6	9
3								
						7		
	1		7		8	3		
8		7			3		2	
5		6	2	7		9		
		9	5				7	2

			4	2				8
4	7	2				9		
				5				4
5						8		9
2	1			4				
		5		3		2		
	9						1	3
8		4	6	3	1			7

Número 22

3			6		9	5	2	
6			2					
		5				8		
		2		9			6	
		9		6			3	
	6			3		9		
			8					2
5			9			6		
4		6			5			9

Número 23

1	6		8					4
			2					1
2					1	3		
		7		3				
						2	1	
9	8	4			2			7
5		6	3		8			
7			5			8	4	
								5

Número 24

				2				9
		2		6	9		4	
7	9						3	
		7		3	2	9		5
							8	
5	1				7			
3			2		1	8		
6		8				1		
			8			4		

6	4		8	7			5	9
		7	2				4	
	9							2
3					2		9	
		1	5	9				7
		5				9		8
7			4					
	3			8	7		2	

		7	1	5				
1					9	7		
		6				5		1
4						9		7
				7			8	
7		9		8	2			
3		4		9	1	8	6	
		1		2			7	

Número 27

2	7			8		5		1
		8		9	1		7	
9	1			7				
	8				5	4	1	
					4	7		
		9						
	4	1			9	2		
				4	8	9	5	

Número 28

					4			
7	4		1					
1				2		3	4	7
		1	6				7	
3	6			7			9	
			2					6
	8				7			
	1					7	5	
	3		9	1		2		

	7			5		2	3	9
8		5		2				
			6					
			2				8	
	2	4	9	8		3		7
6								
		7			8	1		
	3		4		7	8		
		8					6	

Número 30

8			6			3		
	1						5	8
		3		5	8			
5			3		2			
							8	
7		9		8		1	2	
				9			3	4
3		8						
	2		8	4			7	

Número 31

					7	5		1
9	1	5	3	6			7	
6	4			7				3
	5			8				6
					9			5
7	3						5	
5				3				2
				9	5		3	

Número 32

	7				8			
1				5			7	9
3					9			1
					4		1	
4	5			1				7
		2			3		4	
		7			1	9		
		9		6			2	
2			9			7		

RESPUESTAS

Pregunta 1: Opción 3

a) Las pirámides de Egipto

b) El Faro de Alejandría

c) Los jardines colgantes de Babilonia

d) El templo de Diana en Éfeso

e) La estatua de Zeus en Olimpia

f) El Coloso de Rodas

g) La tumba de Mausolo en Halicarnaso

Pregunta 2: a) Rucio

Pregunta 3: b) La dilatación del aire al paso de un rayo.

Pregunta 4: a) Tierra y Neptuno.

Pregunta 5: a) Ni cae ni es una estrella.

Pregunta 6: c) 1912

Pregunta 7: a) El caballo corre mejor cuando huele el orégano.

Pregunta 8: a) Madame Pompadour.

Pregunta 9: c) El punto de la órbita en que un planeta se halla cerca del sol.

Pregunta 10: a) Mestizo es hijo de blanco e indio; mulato, de negro y blanco.

Pregunta 11: b) Rascolnicov

Pregunta 12: a) Penas de amor perdidas.

Pregunta 13: b) 1767

Pregunta 14: a) La primera leche materna.

Pregunta 15: a)23 horas, 56 minutos, 4.09 segundos.

Pregunta 16: El relámpago es: b) La chispa eléctrica que se produce entre dos nubes. El rayo es: a) La chispa que se produce entre una nube y la tierra.

Pregunta 17: a) Un caballo y una burra o un burro y una yegua.

Pregunta 18: b) Donizetti

Pregunta 19: a) Declarar inaccesible al conocimiento actual toda relación y elucubración sobre lo absoluto, es decir sobre la presencia de Dios. El primero que utilizó este término fue: a) Thomas Henry Huxley.

Pregunta 20: b) Japón, Alemania e Italia.

Pregunta 21: b) Oliver Cromwell

Pregunta 22: b) 1492

Pregunta 23: a) Nuestra Señora de París.

Pregunta 24: a) Escaque

Pregunta 25: b) Karma

Pregunta 26: b) Dolor muscular

Pregunta 27: b) La zona que nace en el pubis y llega hasta el fémur.

Pregunta 28: c) 1295

Pregunta 29: a) El conjunto de los primeros cinco libros sagrados.

Pregunta 30: b)El Greco

Pregunta 31: b) El moro

Pregunta 32: a) Cronos

Pregunta 33: a) Rafael

Pregunta 34: b) 343 metros por segundo

Pregunta 35: b) 5 kilómetros

Pregunta 36: c) 1.852 metros

Pregunta 37: c) 10.000 metros cuadrados

Pregunta 38: b) 88 teclas

Pregunta 39: a) La diosa Discordia

Pregunta 40: a) Reclamo

Número 1

4	7	9	6	3	1	8	2	5
6	1	3	2	8	5	9	7	4
2	5	8	9	7	4	3	1	6
7	4	2	8	1	3	5	6	9
3	8	1	5	6	9	2	4	7
9	6	5	7	4	2	1	3	8
1	9	7	3	5	6	4	8	2
8	2	4	1	9	7	6	5	3
5	3	6	4	2	8	7	9	1

Número 2

4	6	8	5	2	9	7	3	1
5	9	2	3	7	1	8	6	4
3	1	7	8	6	4	2	9	5
6	4	3	7	9	2	1	5	8
2	7	9	1	5	8	3	4	6
8	5	1	6	4	3	9	2	7
9	8	6	2	1	5	4	7	3
7	3	4	9	8	6	5	1	2
1	2	5	4	3	7	6	8	9

Número 3

4	2	6	3	5	9	7	1	8
3	9	5	1	7	8	6	2	4
1	8	7	6	2	4	5	9	3
2	4	1	7	9	5	8	3	6
5	7	9	8	3	6	1	4	2
6	3	8	2	4	1	9	5	7
9	6	2	5	8	3	4	7	1
7	1	4	9	6	2	3	8	5
8	5	3	4	1	7	2	6	9

Número 4

4	8	7	1	5	3	9	6	2
1	3	5	6	9	2	7	8	4
6	2	9	7	8	4	5	3	1
8	4	6	9	3	5	2	1	7
5	9	3	2	1	7	6	4	8
7	1	2	8	4	6	3	5	9
3	7	8	5	2	1	4	9	6
9	6	4	3	7	8	1	2	5
2	5	1	4	6	9	8	7	3

Número 5

2	1	6	8	7	9	3	4	5
8	9	7	4	3	5	6	1	2
4	5	3	6	1	2	7	9	8
1	2	4	3	9	7	5	8	6
7	3	9	5	8	6	4	2	1
6	8	5	1	2	4	9	7	3
9	6	1	7	5	8	2	3	4
3	4	2	9	6	1	8	5	7
5	7	8	2	4	3	1	6	9

Número 6

2	6	5	7	3	1	9	8	4
7	1	3	8	9	4	5	6	2
8	4	9	5	6	2	3	1	7
6	2	8	9	1	3	4	7	5
3	9	1	4	7	5	8	2	6
5	7	4	6	2	8	1	3	9
1	5	6	3	4	7	2	9	8
9	8	2	1	5	6	7	4	3
4	3	7	2	8	9	6	5	1

Número 7

1	6	9	2	5	7	3	8	4
2	7	5	8	3	4	9	6	1
8	4	3	9	6	1	5	7	2
6	1	8	3	7	5	4	2	9
5	3	7	4	2	9	8	1	6
9	2	4	6	1	8	7	5	3
7	9	6	5	4	2	1	3	8
3	8	1	7	9	6	2	4	5
4	5	2	1	8	3	6	9	7

Número 8

3	2	4	7	8	9	1	6	5
7	9	8	6	1	5	4	2	3
6	5	1	4	2	3	8	9	7
2	3	6	1	9	8	5	7	4
8	1	9	5	7	4	6	3	2
4	7	5	2	3	6	9	8	1
9	4	2	8	5	7	3	1	6
1	6	3	9	4	2	7	5	8
5	8	7	3	6	1	2	4	9

Número 9

1	8	4	2	9	5	3	6	7
2	5	9	6	3	7	4	8	1
6	7	3	4	8	1	9	5	2
8	1	6	3	5	9	7	2	4
9	3	5	7	2	4	6	1	8
4	2	7	8	1	6	5	9	3
5	4	8	9	7	2	1	3	6
3	6	1	5	4	8	2	7	9
7	9	2	1	6	3	8	4	5

Número 10

9	5	1	6	8	2	4	7	3
6	2	8	7	4	3	1	5	9
7	3	4	1	5	9	8	2	6
5	9	7	4	2	8	3	6	1
8	4	2	3	6	1	7	9	5
1	6	3	5	9	7	2	8	4
2	1	5	8	3	6	9	4	7
4	7	9	2	1	5	6	3	8
3	8	6	9	7	4	5	1	2

Número 11

9	2	8	3	4	7	1	5	6
3	7	4	5	1	6	8	2	9
5	6	1	8	2	9	4	7	3
2	9	5	1	7	4	6	3	8
4	1	7	6	3	8	5	9	2
8	3	6	2	9	5	7	4	1
7	8	2	4	6	3	9	1	5
1	5	9	7	8	2	3	6	4
6	4	3	9	5	1	2	8	7

Número 12

7	2	6	1	3	8	5	9	4
1	8	3	9	5	4	6	2	7
9	4	5	6	2	7	3	8	1
2	7	9	5	8	3	4	1	6
3	5	8	4	1	6	9	7	2
6	1	4	2	7	9	8	3	5
8	6	2	3	4	1	7	5	9
5	9	7	8	6	2	1	4	3
4	3	1	7	9	5	2	6	8

Número 13

4	1	2	8	7	6	5	9	3
8	6	7	9	5	3	2	1	4
9	3	5	2	1	4	7	6	8
1	4	9	5	6	7	3	8	2
7	5	6	3	8	2	9	4	1
2	8	3	1	4	9	6	7	5
6	2	1	7	3	8	4	5	9
5	9	4	6	2	1	8	3	7
3	7	8	4	9	5	1	2	6

Número 14

2	9	4	5	8	6	7	3	1
5	6	8	3	7	1	4	9	2
3	1	7	4	9	2	8	6	5
9	2	3	7	6	8	1	5	4
8	7	6	1	5	4	3	2	9
4	5	1	9	2	3	6	8	7
6	4	9	8	1	5	2	7	3
7	3	2	6	4	9	5	1	8
1	8	5	2	3	7	9	4	6

Número 15

8	4	1	2	6	9	7	3	5
2	9	6	3	7	5	1	4	8
3	5	7	1	4	8	6	9	2
4	8	3	7	9	6	5	2	1
6	7	9	5	2	1	3	8	4
1	2	5	4	8	3	9	6	7
9	1	4	6	5	2	8	7	3
7	3	8	9	1	4	2	5	6
5	6	2	8	3	7	4	1	9

Número 16

5	8	4	1	9	6	3	2	7
1	6	9	2	3	7	4	8	5
2	7	3	4	8	5	9	6	1
8	5	2	3	6	9	7	1	4
9	3	6	7	1	4	2	5	8
4	1	7	8	5	2	6	9	3
6	4	8	9	7	1	5	3	2
3	2	5	6	4	8	1	7	9
7	9	1	5	2	3	8	4	6

Número 17

9	8	6	5	3	4	1	7	2
5	4	3	7	1	2	6	8	9
7	2	1	6	8	9	3	4	5
8	9	7	1	4	3	2	5	6
3	1	4	2	5	6	7	9	8
6	5	2	8	9	7	4	3	1
4	6	8	3	2	5	9	1	7
1	7	9	4	6	8	5	2	3
2	3	5	9	7	1	8	6	4

Número 18

2	7	4	8	1	6	9	5	3
8	6	1	5	9	3	4	7	2
5	3	9	4	7	2	1	6	8
7	2	5	9	6	1	3	8	4
1	9	6	3	8	4	5	2	7
4	8	3	7	2	5	6	1	9
6	4	7	1	3	8	2	9	5
9	5	2	6	4	7	8	3	1
3	1	8	2	5	9	7	4	6

Número 19

9	4	2	1	6	3	8	7	5
1	3	6	7	8	5	2	4	9
7	5	8	2	4	9	6	3	1
4	9	7	8	3	6	5	1	2
6	8	3	5	1	2	7	9	4
2	1	5	4	9	7	3	6	8
3	2	4	6	5	1	9	8	7
8	7	9	3	2	4	1	5	6
5	6	1	9	7	8	4	2	3

Número 20

9	6	8	4	2	5	1	3	7
4	5	2	3	1	7	8	6	9
3	7	1	8	6	9	2	5	4
6	9	3	1	5	2	7	4	8
2	1	5	7	4	8	3	9	6
8	4	7	6	9	3	5	2	1
5	8	6	2	7	4	9	1	3
1	3	9	5	8	6	4	7	2
7	2	4	9	3	1	6	8	5

Número 21

6	5	9	4	2	7	1	3	8
4	7	2	3	1	8	9	5	6
3	8	1	9	5	6	2	7	4
5	6	3	1	7	2	8	4	9
2	1	7	8	4	9	3	6	5
9	4	8	5	6	3	7	2	1
7	9	5	2	8	4	6	1	3
1	3	6	7	9	5	4	8	2
8	2	4	6	3	1	5	9	7

Número 22

3	7	1	6	8	9	5	2	4
6	9	8	2	5	4	1	7	3
2	4	5	1	7	3	8	9	6
7	3	2	5	9	8	4	6	1
8	5	9	4	6	1	2	3	7
1	6	4	7	3	2	9	8	5
9	1	7	8	4	6	3	5	2
5	2	3	9	1	7	6	4	8
4	8	6	3	2	5	7	1	9

Número 23

1	6	9	8	3	5	7	2	4
8	5	3	2	7	4	9	6	1
2	4	7	9	6	1	3	5	8
6	1	2	7	5	3	4	8	9
3	7	5	4	8	9	2	1	6
9	8	4	6	1	2	5	3	7
5	9	6	3	4	8	1	7	2
7	2	1	5	9	6	8	4	3
4	3	8	1	2	7	6	9	5

Número 24

8	4	5	1	2	3	6	7	9
1	3	2	7	6	9	5	4	8
7	9	6	5	4	8	2	3	1
4	8	7	6	3	2	9	1	5
2	6	3	9	1	5	7	8	4
5	1	9	4	8	7	3	2	6
3	5	4	2	9	1	8	6	7
6	7	8	3	5	4	1	9	2
9	2	1	8	7	6	4	5	3

Número 25

9	5	2	6	3	4	7	8	1
6	4	3	8	7	1	2	5	9
8	1	7	2	5	9	3	4	6
5	9	8	7	4	3	1	6	2
3	7	4	1	6	2	8	9	5
2	6	1	5	9	8	4	3	7
4	2	5	3	1	6	9	7	8
7	8	9	4	2	5	6	1	3
1	3	6	9	8	7	5	2	4

Número 26

8	4	7	1	5	3	6	2	9
1	3	5	2	6	9	7	4	8
2	9	6	7	4	8	5	3	1
4	8	2	6	3	5	9	1	7
5	6	3	9	1	7	2	8	4
7	1	9	4	8	2	3	5	6
3	7	4	5	9	1	8	6	2
6	2	8	3	7	4	1	9	5
9	5	1	8	2	6	4	7	3

Número 27

1	9	5	2	3	7	8	4	6
2	7	3	4	8	6	5	9	1
4	6	8	5	9	1	3	7	2
9	1	4	8	7	3	6	2	5
3	8	7	6	2	5	4	1	9
5	2	6	9	1	4	7	3	8
7	5	9	3	6	2	1	8	4
8	4	1	7	5	9	2	6	3
6	3	2	1	4	8	9	5	7

Número 28

9	2	8	7	3	4	6	1	5
7	4	3	1	6	5	8	2	9
1	5	6	8	2	9	3	4	7
2	9	1	6	4	3	5	7	8
3	6	4	5	7	8	1	9	2
8	7	5	2	9	1	4	3	6
4	8	2	3	5	7	9	6	1
6	1	9	4	8	2	7	5	3
5	3	7	9	1	6	2	8	4

Número 29

1	7	6	8	5	4	2	3	9
8	4	5	3	2	9	6	7	1
3	9	2	6	7	1	5	4	8
7	1	3	2	4	5	9	8	6
5	2	4	9	8	6	3	1	7
6	8	9	7	1	3	4	5	2
4	6	7	5	9	8	1	2	3
2	3	1	4	6	7	8	9	5
9	5	8	1	3	2	7	6	4

Número 30

8	5	7	6	2	1	3	4	9
6	1	2	4	3	9	7	5	8
4	9	3	7	5	8	2	1	6
5	8	4	3	1	2	9	6	7
2	3	1	9	6	7	4	8	5
7	6	9	5	8	4	1	2	3
1	7	5	2	9	6	8	3	4
3	4	8	1	7	5	6	9	2
9	2	6	8	4	3	5	7	1

Número 31

4	6	3	8	2	7	5	9	1
8	7	2	9	5	1	3	6	4
9	1	5	3	6	4	2	7	8
6	4	9	5	7	2	1	8	3
2	5	7	1	8	3	9	4	6
3	8	1	6	4	9	7	2	5
7	3	6	2	1	8	4	5	9
5	9	4	7	3	6	8	1	2
1	2	8	4	9	5	6	3	7

Número 32

9	7	6	1	4	8	5	3	2
1	8	4	3	5	2	6	7	9
3	2	5	6	7	9	4	8	1
7	9	3	5	8	4	2	1	6
4	5	8	2	1	6	3	9	7
6	1	2	7	9	3	8	4	5
8	6	7	4	2	1	9	5	3
5	3	9	8	6	7	1	2	4
2	4	1	9	3	5	7	6	8